부를 끌어당기는 필사 책

부아c 지음

KB192860

BM 황금부엉이

부를 끌어당기는 필사 책

2024년 10월 16일 초판 1쇄 인쇄
2024년 10월 23일 초판 1쇄 발행

지은이 | 부아c
펴낸이 | 이종춘
펴낸곳 | ㈜첨단

주소 | 서울시 마포구 양화로 127 (서교동) 첨단빌딩 3층
전화 | 02-338-9151
팩스 | 02-338-9155
인터넷 홈페이지 | www.goldenowl.co.kr
출판등록 | 2000년 2월 15일 제 2000-000035호

본부장 | 홍종훈
편집 | 이보슬, 한슬기
디자인 | 조수빈
전략마케팅 | 구본철, 차정욱, 오영일, 나진호, 강호묵
온라인 홍보마케팅 | 신수빈
제작 | 김유석
경영지원 | 이금선, 최미숙

ISBN ISBN 978-89-6030-638-7 03320

황금부엉이에서 출간하고 싶은 원고가 있으신가요? 생각해보신 책의 제목(가제), 내용에 대한 소개, 간단한 자기소개, 연락처를 book@goldenowl.co.kr 메일로 보내주세요. 집필하신 원고가 있다면 원고의 일부 또는 전체를 함께 보내주시면 더욱 좋습니다. 책의 집필이 아닌 기획안을 제안해주셔도 좋습니다. 보내주신 분이 저 자신이라는 마음으로 정성을 다해 검토하겠습니다.

필사는 어떤 가치가 있을까요?

젊은 시절, 좋은 책을 만나면 노트를 펼쳐 필사하는 것을 좋아했습니다. 데일 카네기의 『인간관계론』, 파울루 코엘류의 『연금술사』, 윤동주의 시를 필사하면서 더 나은 사람이 되고, 더 아름다운 언어를 사용하게 되었으며, 작가와 깊게 교감할 수 있었습니다. 필사는 마음을 편안하게 합니다. 특히 힘들었던 직장 초창기에는 유독 필사를 많이 했습니다. 그 시절, 필사는 저에게 하나의 '명상'과도 같았습니다.

필사는 글쓰기 실력 향상에도 큰 도움이 됩니다. 미국의 대통령이었던 벤저민 프랭클린도 인쇄공으로 일하며 수많은 책을 필사한 덕분에 글쓰기 실력을 키울 수 있었다고 그의 자서전에 이야기하고 있습니다. 필사는 뛰어난 문장을 만나 그것을 내 것으로 만들어, 글쓰기 능력으로 연결시키는 마법 같은 작업입니다. 글쓰기 실력은 우리가 삶을 살아가는 데 가장 중요한 기술 중 하나이며, 필사는 글쓰기 실력을 높이는 좋은 방법입니다.

제가 지난 5년 동안 썼던 책에서 가장 깊은 지혜를 담고 있는 문장을 선정했습니다. 이를 필사하면서 제 지혜가 여러분에게 전해지길 바랍니다. 작가로서 모든 문장이 소중하지만, 그중에서도 여러분에게 특별히 기억되었으면 하는 문장을 담았습니다. 어떤 책이든 단순히 읽기만 해서는 큰 효용을 얻기 어렵습니다. 여러 번 읽으며 깊이 이해하는 것이 더 좋은 방법입니다. 여러 번 읽고 필사까지 한다면 더욱 효과적일 것입니다. 세상에 좋은 것들은 쉽게 오지 않으며, 어렵게 얻는 것들이 오히려 더 큰 가치를 지니곤 합니다. 필사는 시간이 필요하지만, 그 시간을 투자함으로써 가장 귀한 가치를 얻게 됩니다. 이 책이 당신에게 필사의 즐거움을 선사하길 기대합니다.

부아c

차례

부를 끌어당기는 다짐 1

직장에 의존하지 말자

부를 끌어당기는 다짐 2

주변 환경에 신경 쓰자

부를 끌어당기는 다짐 3

교훈을 토대로 행동하자

부를 끌어당기는 다짐 4

올바른 태도를 습관화하자

부를 끌어당기는 다짐 5

나를 알리는 걸 두려워 말자

직장에
의존하지 말자

회사라는 족쇄를 끊어라

아직 직장을 그만둘 아무런 준비가 되어 있지 않은 상태라면,
현재가 그저 견딜 만해서 움직이고 있지 않은 것일지도 모른다.
하지만 상황은 어느 순간, 갑자기 견디기 힘든 상황으로
변할 수도 있다. 나는 여러 번 그런 상황에 맞닥뜨렸고,
도저히 견딜 수 없는 순간이 되어서야 움직이기 시작했다.
다행히 그렇게 늦지 않은 시점이었다.
나는 그 순간을 만난 것을 인생 최고의 행운이라고 생각한다.
직장은 돈을 벌기 위한 여러 가지 수단 중 하나일 뿐이다.
하지만, 아직도 직장을 돈을 벌 수 있는 유일한 수단이라고
생각하는 사람들이 많다. 투자를 하든, 사업을 하든, 부업을 하든,
블로그를 쓰든, 우리에게 주어진 수많은 옵션들이 있는데 말이다.
지금 당신이 견딜 만한 상황에 있다고 절대 안주해서는 안 된다.
상황은 아주 조금씩 나빠지기 때문이다.
평소에 회사를 그만둘 수 있는 준비를 하지 않은 사람은
나중에 하루라도 더 회사를 다니기 위해 노력하게 된다.

궁핍한 현실에서
살아남기

회사에서 임원이란 1% 이내의 사람들에게 주어지는 것으로
가정, 건강, 개인 시간 등을 희생해서 올인해도 대부분의 사람들은
원하는 목표를 이루지 못하고 탈락한다.
이런 현실에서 직장인이 살 길은 무엇일까?
부자 마인드로 무장하고, 긴 호흡으로 꾸준히 자산을
모아가는 방법밖에 없다.
직장은 나의 경험치를 높여주고, 신용을 높여주고,
생활비를 제공해 주고, 투자금을 마련해 주는 곳일 뿐이다.
철저하게 아껴서 현명하게 부의 시스템을 구축해 나가야 한다.
그것만이 살 길이다.

자본주의 경쟁에서
이기는 법

우리는 직장을 다닐 때 퇴사 이후의 삶을 미리 준비해야 한다.

나를 위한 시스템을 미리 만들어놓고 꿈을 이룰 재료를

준비해두고 세상으로 나와야 한다.

모든 성공은 충분한 시간이 필요하기 때문이다.

이런 사실을 인지하지 못하고 아무런 준비도 없이 회사에서

나와서 무언가를 바로 시작하게 되면 당연히 실패하고 만다.

모든 것은 경쟁인데 몇 달을 준비한 사람이 어떻게 10년을

준비한 사람을 이길 수 있을까? 명심해야 한다.

장기적으로 보는 사람은 그 자세만으로도 이미 차이를

만들고 있다는 것을. 당신이 원하는 10년 뒤의 계획을

미리 세우고 그것을 위해서 움직이길 바란다.

그런 자세가 당신의 성공 가능성을 훨씬 높여줄 것이다.

재테크의 출발은
직장에서부터

직장에서 얻는 이점은 이루 말할 수 없다.

누구나 직장을 그만두기 위한 준비를 미리 해야 하지만 동시에

직장의 이점을 최대한 활용해야 한다.

그러기 위해서는 자신의 직장을 소중히 여기는 마음을

가져야 한다. 내가 아는 대부분의 흙수저 출신 젊은 부자들도

애초에 직장을 다니지 않았다면 경제적 자유에 이르는 것이

불가능했을 것이다. 그들은 하나같이 직장에서 꾸준히 소득을

얻어 자본금을 모으고 투자 등을 통해서 돈을 불렸다.

그들은 직장에서의 노동 소득을 중심으로 부의 시스템을

만드는 데 매진하였다.

이렇듯 모든 재테크의 출발점은 직장이라고 볼 수 있다.

'나'라는 자산이 가장 소중하다

나를 잃어버린다면 아무리 부자가 되고
경제적 자유를 이루어도 소용이 없다.
나는 자본주의 사회를 살아가면서 결코 잃어버려서는 안 되는
가장 소중한 가치다.

자신의 한계를 인정하라

에너지의 총량은 정해져 있다. 유한한 에너지를 일정 기간
총량 이상으로 쓰게 되면 건강이 무너진다.
정신적, 신체적으로 하나씩 삐걱거리기 시작한다.
초반에는 휴식을 가지면 회복되지만, 회복 없이 오랜 시간
스트레스를 받으면 건강은 되돌릴 수 없는 상태가 된다.
가장 흔한 문제는 직장에서 나의 모든 에너지를 쏟아붓는 것이다.
계약한 것 이상의 육체노동과 감정노동에 자신을
노출시키는 것이다. 확실하게 선을 긋지 않으면
내가 회사에 제공할 수 있는 것 이상을 제공하게 된다.
회사, 상사, 동료, 고객은 항상 더 많은 희생을 요구하기 때문이다.
직장은 그저 내 삶의 일부일 뿐인데,
어느 순간 직장을 자기 삶의 전부로 생각하는 경우가 많다.
나도 오랜 기간 그렇게 살았기에 그게 얼마나 허무한 일인지 안다.
직장과 내 삶을 분리시켜서 생각하자.
내 삶도, 내 건강도, 직장 이상으로 소중하다.
직장에서 남들보다 조금 더 얻기 위해서 자신의 모든 것을
던질 필요는 없다.

매일 조금씩 나아지려고 노력했을 뿐

나는 이제 회사에 다니지 않는다.

회사에 다니지 않아도 될 만큼 충분한 현금 흐름을

이미 온라인 명함을 통해서 만들고 있다.

무엇보다 나는 회사에 다닐 때보다 몇 배는 행복하다.

이 모든 것이 온라인 글쓰기를 시작하고, 꾸준하게 실행했기 때문에

얻은 결과다. 그 과정에서 대단한 비법 같은 것은 없었다.

그저 매일 썼을 뿐이고,

매일 조금씩 나아지려고 노력했을 뿐이다.

내 삶의 주인공이 되고 싶다면

새로운 온라인 명함이 생기거나 나를 솔직하게 드러낸다 해서

당장 크게 내가 달라지진 않았다. 여전히 회사에 다니며

돈을 벌어야 했고, 필요한 경우 아쉬운 소리를 해야 했다.

하지만 온라인에서 글쓰기를 하는 순간

나에게는 새로운 가능성이 조금씩 생겨났다.

나는 글쓰기를 하면서 나에게 매일 질문을 던졌다.

누군가를 위한 삶만 살아갈 것인가,

아니면 주인공의 삶을 살아갈 것인가?

나에게 회사 생활과 사회생활은 누군가를 위한 삶이었다.

내가 돈을 벌기 위해서 어쩔 수 없이 선택해야 하는 수단이었다.

하지만 블로그 글쓰기는 내가 나를 삶의 주인공으로

만들어 줄 수 있었다. 나의 생각을 적고 나의 생각을 발행했다.

나만의 일, 나만의 공간, 나만의 자아가 주는 에너지가 있는 것 같다.

이것은 경험한 사람만이 알 수 있다.

시간이 지나 수백, 수천 명이 호응을 하고 공감을 해 줄 때의 희열은

느껴보지 않으면 잘 모른다.

나는 당신이 지금 바로 온라인 글쓰기를 시작했으면 좋겠다.

무엇을 위해 살아갈 것인지
고민하라

회사를 어쩔 수 없이 그만두어야 하는 상황이 닥치면

어떻게 해야 하지? 조롱과 조소를 받아도 버려야 할까?

사회에 나온다면 돈을 벌기 위해 무엇이라도 해야 할까?

나는 지금까지 무엇을 위해 살았고,

앞으로 무엇을 위해 살아가야 할까?

40세, 나는 인생에서 여느 때보다 강하게 현실을 직시했다.

공포스러운 하루하루를 견디며 조용하지만 맹렬하게

내가 어떤 사람인지, 무엇을 하고 싶은지 고민하기 시작했다.

표현의 욕구가
변화를 만든다

6개월 이상 블로그 글을 읽으며 어느 순간,
너무도 자연스럽게 나도 글을 쓰고 싶다고 생각했다.
돌이켜 보면 그것은 너무나 당연했다. 매일 누군가가 쓴 글을
읽고 있으면 나도 글을 쓰고 싶다고 생각하게 된다.
사람은 누구나 자신의 생각을 표현하고 싶은 욕구가 있다.
그 욕구를 세상에 내어 놓는 것은 누구에게나 필요한 일이다.
내가 이를 40세에 한 것은 커다란 행운이었다. 무엇을 쓸지,
어떻게 쓸지, 괜히 블로그를 잘하는 방법을 알려 주는 책도
두어 권 읽어 보았다. 그렇게 나는 글을 조금씩 써 나갔다.
블로그 이웃 0명. 그것이 내 시작이다. 사실 이웃 수는
중요하지 않았다. 그저 내 고민과 생각을 쓰고 싶었을 뿐이다.
내 글이 누군가에게 도움이 되리라는 거창한 생각도 하지 않았다.
그저 40세가 된 평범한 직장인으로서 점점 경쟁력이 떨어지니
무언가를 하지 않으면 안 될 것 같았다.
그래서 내가 가장 쉽게 할 수 있는 글쓰기를 시작한 것이다.

가짜 꿈을
진짜 꿈으로 바꾸면

아무것도 하지 않으면서 꿈을 꾸는 것은 전혀 도움이 되지 않는다.
아무것도 하지 않고 꾸는 꿈은 단지 꿈일 뿐이다.
막연하고 추상적이고 죽어 있다.
하지만 내가 무언가를 하고 있으면 꿈이 생기고
꿈을 검증하고 구체화할 수 있다.

나만의 부캐 키우기

당신이 전문 분야에 있지 않고 언제 어디에서든 쉽게 대체될 수
있다면 꼭 글을 써야 한다. 나도 회사에서 쉽게 대체될 수 있는
사람이었지만 블로그에 글을 쓰면서 강력한 온라인 명함을
만들었다. 회사에서는 쉽게 대체될 수 있었지만
블로그 세계에서는 쉽게 대체될 수 없는 블로거가 되었다.
회사에서는 매일 경쟁력이 떨어지고 있었지만 블로그 세계에서
내 부캐는 매일 경쟁력을 쌓고 있었다.
당신이 전문 분야에 있고 쉽게 대체되지 않는다고 해도 글을 써라.
자신의 직업적 가치를 높이는 가장 쉬운 방법은 글을 쓰는
무엇이 되는 것이다. 글을 쓰는 의사, 글을 쓰는 변호사,
글을 쓰는 회계사, 글을 쓰는 음악가 등 글을 쓰고 책을 출간하며
자신의 생각을 알리는 전문가가 더 큰 인기를 누리고
사회적 지위를 얻게 된다.

전문가의 길을 걷는 법

전자책에 수많은 장점이 있지만 가장 큰 장점은
결국 작가의 삶을 시작할 수 있게 한다는 것이다.
나도 그랬고 내 주변의 많은 사람이 그랬다.
어린아이도, 나이 든 사람도, 경험이 많거나 적은 사람도 누구나
어떤 주제를 가지고 전자책을 쓸 수 있다. 전문가가 아니라면
전자책으로 전문가의 길을 걸을 수 있고,
전문가라면 전자책을 쓰면서 더 큰 권위와 사회적 증거를
부여받을 수 있을 것이다.

첫술에 배부를 수는 없다

작가 또한 좋은 출판사를 찾아야 한다.

모든 출판사는 각자 스타일이 있다. 꼼꼼한 스타일도 있고,

창의적인 스타일도 있고, 경제/경영 전문도 있고,

문학 전문도 있을 것이다. 아무래도 내 부족한 점을 채워 주고,

내 분야에 해당하는 책을 다수 출간한 출판사와 함께 일을

하는 것이 도움이 된다. 내가 처음 만난 출판사는 나의 첫 원고를

그대로 출간하길 바랐다. 나는 내 원고가 많이 부족하다고

생각했지만 출판사는 괜찮다고 했다. 그날 만난 다른 출판사는

지금은 원고가 많이 부족하지만 이런저런 부분을

보충하면 될 것이라고 했다. 나는 나중에 만난 출판사와 계약했고,

그렇게 첫 책『부의 통찰』은 첫 원고와는 많이 다른 책이 되었다.

그리고 나는 그 결과에 만족한다.

지금 생각하면 첫 원고는 정말 많이 부족했고,

내가 그 수준에 만족하지 않았기에

독자에게 부끄러운 작가가 되지 않았다.

오래 봐야
경쟁력 있는 것들이 보인다

인간은 본능적으로 쉽게 탐욕과 공포를 느낀다.
작은 수익을 맛보면 더 큰 수익을 실현하고 싶어 하고,
공포가 느껴지면 빠르게 벗어나고자 한다.
이런 단기적인 시야로 접근하기 때문에 항상 실수한다.
이렇게 대부분의 사람들이 단기적으로 접근할 때,
장기적인 시각으로 세상을 바라보는 것 자체가
큰 경쟁력이 된다.

노력에 비해 훨씬 큰 보상을

책을 한 번도 안 쓴 사람은 있어도 한 번만 쓴 사람은 없다.
실제로도 그렇다. 내 주변에는 50권 이상을 쓴 다작 작가도 있고,
3~4권정도 쓴 블로그 출신 작가도 있다.
간혹 한 권을 쓴 작가도 있지만, 나는 그들이 평생 동안 다시는
책을 쓰지 않을 것이라고 생각지 않는다. 왜 그럴까?
가장 명확한 이유는 책을 쓴다는 것은 그 고생과 노력에 비해
훨씬 큰 보상을 주기 때문이다. 앞서 언급했듯이
책을 통해 나를 알릴 수 있고, 내 사회적 권위를 높일 수 있고,
여러 플랫폼에서 연락을 받을 수 있고, 인세 수익을 거둘 수 있다.
자아 실현 측면에서도 책쓰기는 강력하다.
내 이름과 생각, 경험을 알리는 일은 내가 사회에 기여하고 있다는
강력한 자아 실현의 동력이 된다.

주변 환경에
신경 쓰자

욕망을 부추기는 사회는 외면하고

비싼 물건을 소유하면서 느끼는 기쁨은 금세 사라진다.
명품을 소비하는 대신 나와 가족의 성장과 미래에 투자하자.
명품은 나를 가난하게 만들지만, 잘 사용한 돈은 내가 원할 때,
원하는 일을, 원하는 곳에서, 원하는 사람과, 원하는 만큼
오래 할 수 있는 자유를 준다.
나 자신을 명품으로 만들고,
명품 자산을 모으는 것에 집중해야 한다.

부자들의 마인드부터 이해하라

나와 다른 생각을 가진 사람을 만나는 데는 에너지가 많이 든다.
과거에 정체되어 있는 사람을 만나고 대화를 나누면
내 에너지가 소비되는 것이 느껴진다.
에너지 낭비를 막기 위해서는 그렇지 않은 사람들을 만나면 된다.
이것이 인간의 본능적인 에너지 관리 방법이다.
그래서 나이 들수록 끼리끼리 만나게 되고,
같은 부류끼리의 거주지가 형성되고, 동네에 담이 쌓이고,
그 안에서만 고급 정보가 교류된다.
담 너머 세상과의 차이는 계속 벌어지는 것이다.
인류는 그렇게 발전해왔다. 가끔씩 계급이 전복되기도 했지만,
현재는 또 다른 모습으로 그런 나눔이 진행되고 있다.
결국 양극화의 시작은 가문에서도 오지만 생각에서도 오는 것이다.
그렇기에, '생각'을 바꾸면 내가 만나는 사람들도 바뀔 수 있다.

남의 성공이
곧 나의 성공이다

가장 이해가 안 되는 것 중에 하나는,

타인이 잘 안되기를 바라면서

자신은 부자가 되기를 바라는 마음이다.

투자나 사업의 본질은 타인이 잘되는 것에 있다.

부자의 본질도 타인이 잘되게 돕는 것에 있다.

다른 사람이 잘되기를 바라는 마음이 모든 것의 기본이다.

타인이 잘 안되기를 바라는 마음은 타인이 가진 가치를

빼앗으려는 것이고, 그렇게 빼앗은 가치는 나의 부를 줄인다.

타인이 안되기를 바라는 마음은

결국 사람도 돈도 떠나가게 만든다.

모든 고통의 시작은 비교

한 종목에 꾸준히 투자하지 못하는 이유 중 하나는
다른 종목의 상승이 부럽기 때문이다.
하지만 부러운 순간 다른 종목의 주식은 고점을 형성하는
경우가 많다. 주식 시장에서 영원한 상승과 하락은 없기 때문이다.

좋은 사람이 되기 위해 노력해야 한다

고객을 만족시켜야 부자가 되는데, 자기에게 이익이 되는
사람에게만 잘하는 사람은 결국 들통이 난다. 이런 사람들은
신용을 쌓을 수 없다. 혹시 운이 좋아서 부자가 된다고 하더라도
어차피 나에게 도움을 주지 않을 것이 뻔하다.

익명으로 악플을 달면서 스트레스를 푸는 사람도 피해야 한다.
이들은 자신을 발전시키는 것이 아닌, 남을 끌어내리는 것에
훨씬 익숙한 사람들이다. 남이 안 보는 공간에서 생각하고
행동하는 방식은 실생활에서도 그대로 드러날 수 있다.

이런 사람들이 내 옆에 있으면 나를 응원하기는커녕
나를 끌어내릴 것이다. 하나를 보면 열을 알 수 있다.

연애를 한다면 상대방의 운전 습관이나 사람을 대하는 자세를
꼭 체크할 필요가 있다. 그 사람의 인생이 보일 것이다.

사소한 것에도 배려심이 있는 사람에게 결국 돈이 모이는 법이다.
좋은 사람과 함께해야 좋은 사람이 되고 부자도 될 수 있다.
물론, 자신이 먼저 좋은 사람이 되려고 노력해야 한다.
상대방도 동일한 잣대로 나를 쳐다볼 것이라는 것을
잊지 말아야 한다.

인맥을 쌓기 전에
실력부터 쌓아라

내 수준이 높아지면 수준 높은 사람들도 나를 알아보기 시작한다.
타인도 나의 경험이나 지식, 능력을 알고 싶어 하며 이런 관계가
형성되면 서로 나눌 것이 있기 때문에 자연스럽게 인맥이
만들어진다. 이렇게 형성되는 인맥은 서로에게 좋은 영향을
미치면서 롱런할 수 있다. 내가 능력치가 안 되는 상황에서는
아무리 능력자들의 모임에 가거나 친분 등을 이용해서 능력자들과
인맥을 쌓으려고 해도 소용이 없다. 내가 그들을 알게 된다고 해도
내가 그들에 걸맞은 능력이 없다면, 일회성 교류에 그칠 뿐
더 깊은 관계가 될 수 없다.
내가 그들에게 줄 수 있는 것이 없기 때문이다.

기본 중의 기본은
내 주변을 챙기는 것

내 주변조차 제대로 챙기지 못하면 다른 사람들을 만족시킬 수 없다.

다른 사람들을 만족시키지 못하면서 내 고객을 만족시킬 수 없다.

내 고객을 만족시키지 못하면서 돈을 벌 수 있을 리가 없다.

자본주의에서는 내가 가치를 제공하고 그 가치로 치환된

돈을 보답으로 받는다.

모든 것의 시작은 상대방을 만족시키는 것이다.

그런데 이 순서를 거꾸로 생각하는 사람들이 있다.

나도 10년 전에는 그랬다.

내가 부자가 되면 가족들과 주변 사람에게 잘하겠다고 생각했다.

그래서 내가 부자가 아닌 기간 동안 그들에게 꽤나 소홀했다.

그런 자세에는 아주 큰 문제가 있었다.

애초에 주변에 소홀하면서 부자가 되기는 힘들다.

집안에서 새는 바가지는 밖에서도 새는데,

밖에서만 사람들에게 잘하는 것이 가능할까?

안에서 새지 않는 바가지가 밖에서도 새지 않는 법이다.

부자가 되고 싶으면 우선 내 옆에 있는 사람에게 잘해야 한다.

자식을 가르치는 유일한 방법은 모범

대부분의 부모들은 자신이 바라는 모습을 아이들에게 명령하고
지시한다. 부모는 TV를 보면서 아이들에게는 방에 들어가서
공부하라고 한다. 부모는 쓰레기를 함부로 버리면서 아이들에게는
지구를 사랑하라고 한다. 부모는 주말에 늦잠을 자면서
아이들에게는 아침 일찍 일어나라고 한다.
부모가 먼저 모범을 보이지 않는 한, 부모의 이런 말들은 아이들에게
전혀 설득력을 가지지 못한다. 훌륭한 부모 밑에서 빗나간 자식이
나오기는 쉽지 않다. 대부분의 빗나간 자식들은 자식에 대한 부모의
빗나간 기대 때문에 나오는 경우가 많다. 자식을 가르치는
유일한 방법은 부모 스스로 모범을 보이는 것이다.
나는 그 이상으로 좋은 방법을 알지 못한다.

인간에게 가장 필요한 것,
사랑

나의 존재 의미를 알아주는 한 사람,
내가 무슨 상황에 있어도 나를 지지해 줄 한 사람,
인간은 누구나 그런 사람이 필요하다.
스파이더맨이 영웅이 될 수 있었던 이유는
할머니의 사랑이 있었기 때문이다.
야생에 버려진 정글북의 모글리가
행복한 아이가 될 수 있었던 것은
그에게 늑대 가족이 있었기 때문이다.
우리에게는 우리를 사랑해 줄 누군가가 꼭 필요하다.

세상을 바라보는 시야를 넓혀라

회사에 다니면 회사 내의 인맥만 만나게 된다.

각 부서의 영업사원, 마케터, 연구원 등을 만나고 가끔 외주업체나

공장분들, 고객을 만난다. 누구를 만나도 내가 담당하는 업무에

관련된 사람만 만나게 된다. 매일 그런 하루를 반복하다 보면

세상을 보는 시야가 좁아질 수밖에 없다.

글쓰기를 하면서 나 자신에 대해 더 잘 알 수 있었다.

나는 회사 생활을 싫어하는 사람이었다. 회사 내 인간관계에도

큰 스트레스를 받고 있었다. 하지만 나는 그 사실을 잘 몰랐다.

항상 내가 나에게 '괜찮아, 할 만해'라고 거짓말을 했으니까.

하지만 글을 쓰면서 나의 진심을 알게 되었다.

나는 회사를 싫어하는 사람이고,

이렇게 살다가 인생을 끝내고 싶지는 않다고.

이렇듯 글쓰기는 나에게 하나의 탈출구가 되어주었다.

아픔을 나누면 친구가 된다

글을 계속 쓰다 보면
내가 한 거짓말이 드러나게 된다.
그렇기에 처음부터 거짓은 쓰지 않는 것이 좋다.
진정성을 더하는 팁이 하나 있다.
바로 자신의 아픔을 공유하는 것이다.
온라인 공간에서 공감을 느끼는 것은 매우 귀한 일이다.
당신의 아픔을 공유한다면 비슷한 아픔을 가진 사람들은
당신에게 깊이 공감할 것이다.
그리고 공감은 신뢰로도 이어진다.
누구나 자신의 아픔을 쉽게 드러낼 수 있는 것이 아니다.
당신이 아픔을 드러내면 독자는 당신을 신뢰하게 될 것이다.

'롤모델'이라는 지도를 따라서

롤모델을 설정하는 것은 좋은 동기 부여의 방법이다.
애초에 내가 쓰고 싶은 주제의 롤모델을 정하고
그를 분석하는 것이다. 롤모델을 참고할 때 가장 중요한 것은
그 롤모델의 현재가 아니라 과거를 보는 것이다.
롤모델이 시작할 때 시점의 글을 읽고 분석해 볼 필요가 있다.
이런 과정을 통해서 롤모델도 시작은 미약했다는 것을 알 수 있다.
대부분은 어설프게 시작한다. 그리고 그 롤모델의 현재를 본다.
꾸준히만 한다면 얼마나 성장할 수 있을지 롤모델을 통해
가늠해 볼 수 있다. 사람은 크게 다르지 않다.
누구나 좋은 방법을 꾸준히 연습하고 내 것으로 만들면서
성장하는 것이다. 롤모델을 정하고 그의 스토리를 보는 것 자체가
당신에게 큰 동기 부여가 될 것이다.

공감과 배려는
부의 기초 재료다

살다 보면 남에 대한 배려 없이 말과 행동을 함부로 하는 사람들을
보게 된다. 나는 남에 대한 공감과 배려가 없는 사람은
정신적으로도 물질적으로도 점점 가난해질 것이라고 생각한다.
반대로 남에 대한 공감과 배려를 할 수 있는 사람은 정신적으로나
물질적으로 점점 부유해질 것이라고 생각한다.
남에 대한 배려는 자기 자신에 대한 배려로 돌아오게 된다.
나의 공감과 배려는 나에 대한 공감과 배려를 불러오고
이는 끝없이 선순환 된다.
진정한 의미의 부자는 살아가며 타인의 공감과 배려,
응원과 사랑을 끌어당기는 사람이다.

나눔은 나눔으로 돌아온다

본전 생각을 하면 애초에 나누기가 힘들다.

내가 10을 주어도 아무것도 돌아오지 않을 수 있다.

어떨 때는 1, 2가 돌아오기도 하고,

10을 넘어 20이 돌아오기도 할 것이다. 그렇게 점점 나누다 보면,

나눌수록 돌아오는 것이 커진다. 한정되어 있는 돈이라는 자산으로

나누라는 이야기가 아니다. 자신의 말과 글을 나누는 것이다.

무한한 나의 사랑과 관심, 배려 등을 나누라는 것이다.

이는 누구나 가지고 있는 것이다. 나도 내가 매일 쓰는 글이,

나의 생각을 사람들과 나누는 것이라고 생각한다.

그리고 나의 글에 달리는 수백 개의 공감과 댓글은 내 나눔을

사람들이 다시 나눔으로 돌려주는 것이라고 생각한다.

인간은 빚지는 것을 싫어한다. 받기만 하는 것에 미안함을 느끼고

돌려주고 싶어 한다. 내가 쓰는 온라인 글쓰기는 공짜가 아닌 것이다.

누군가가 나의 글을 읽으면 그들은 무의식적으로 빚을 지었다고

생각하고 갚을 방법을 고민하게 된다. 하나의 글이 관계를 만들고

향후 내가 도움이 필요할 때 도움을 받을 수 있게 되는 것이다.

남을 위한 글쓰기가 결국 나에게 호의로 돌아온다.

내가 직접 경험한
'내 이야기'를 써라

내 이야기를 쓰는 것은 쉬운 일이다. 글쓰기가 어려운 이유는
내가 경험하지 못한, 모르는 것을 쓰려고 하기 때문이다.
자신이 잘 아는 것, 자신이 경험한 것을 쓴다면 글쓰기는
쉬울 수밖에 없고, 그렇게 쓴 글이 정말로 누군가에게
도움을 줄 수 있는 것이다. 그렇기 때문에 내 이야기를 쓰려고
노력해야 한다.

교훈을 토대로
행동하자

,,

내 손에 쥔 것을 놓치지 않도록

우리 사회는 다양성을 허용하지 않는다.

이런 과도한 폐쇄성은 미래로 갈수록 대한민국의 국가 경쟁력을
갉아 먹는다. 이렇게 폐쇄적인 사회는 폐쇄적이고 획일적인
교육 시스템을 만들었다.

애덤 스미스는 '한 나라의 진정한 부의 원천은 그 나라 국민들의
창의적 상상력에 있다'고 말했다.

지금과 같은 상태를 계속 유지한다면 대한민국은 앞으로도 과도한
폐쇄성으로 창의성을 잃어가는 나라가 될 것이다.

국가 없이 개인은 존재할 수 없다. 국가가 힘들어지면 평균적인
대한민국 국민의 부는 줄어들 것이다. 국가 경쟁력을 키우기 위해서
각 개인이 노력해야겠지만, 국가의 경쟁력과는 별도로
개인도 각자의 부를 지키기 위해서 최선을 다해야 한다.

나를 발전시키는 부정적인 감정

우리는 인간이기 때문에 타인과 나를 비교하게 된다.
비교하는 것 자체가 나쁜 것이 아니다.
타인과 비교하지 않는 것은 인간이기를 포기하라는 말과
다를 바가 없다. 나의 객관적인 위치를 알기 위해서는
나를 타인과 비교해 봐야 한다. 다만, 그 비교가 스스로에 대한
비난의 화살로 돌아오면 안 된다. 열등감이나 두려움,
질투심도 삶의 재료가 될 수 있다.
가장 최선의 자세는 부정적인 감정이 들 때마다 이를 재료 삼아
나의 발전을 위해 사용하는 것이다.

진정한 성공이란
스며들 듯이 오는 것

빠르게 부자가 되려는 마음이 모든 것을 망친다.

많은 사람들은 빠르게 부자가 되려는 마음으로

확률이 낮은 것에 많은 것을 걸고 실패한다.

모든 성취는 충분한 시간이 필요한데 급하게 서두르니

실패로 이어지는 것이다.

실패는 마음을 조급하게 만들어 또 다른 실패를 부른다.

세계를 확장하려면,
지식을 받아들여라

개인적 경험과 지혜는 한정적이다.

자신이 갇혀 있는 세계를 넓힐 수 있는 가장 효과적인 방법은

자신의 생각과 다른 글을 읽고,

몰랐던 지식을 받아들이는 것이다.

고점은 결코 예측할 수 없어서

짧은 시간에 이루어지는 것은 없다는 것을 명심하자.
만약 짧은 시간에 이루어지는 것이 있다면 그것은 사기이거나
매우 운이 좋은 경우이다. 이런 경우에서 벗어나 정상적이거나
평균적인 범주에서 보았을 때 모든 성과나 성공은 시간이 필요하다.
또한 투자에서는 가장 저점에서 사고 가장 고점에서
팔려고 하지 마라. 그것은 불가능하다.
워런 버핏과 같은 대가도 그런 시도를 하지 않는다.
그런 시도를 하려다 오히려 큰 실수를 하는 경우가 더 많다.
시장을 예측하는 것을 불가능하다는 것을 기본값으로 가져가는
투자자는 시행착오를 줄일 수 있다.

성장은 시간이 준 고귀한 선물이다

일이 잘 안 풀릴 때마다 가끔 생각한다.
나는 지금 성장하고 있는 중이라고.
아이가 힘들어할 때마다 생각한다.
지금 아이는 성장하고 있는 중이라고.
당신이 지금 힘든 시간을 보내고 있다면,
오히려 그 시간이 당신에게 선물을 주고 있는 것일지도 모른다.

나 자신이 누구인지 아는 것부터

나 자신을 알게 되면 내가 무엇을 좋아하는지,
무엇을 하고 싶은지를 찾을 수 있다.
즉, 각자의 정답을 찾을 수 있다는 것이다.
이 모든 것들이 결국은 독서와 글쓰기를 통해 가능하다.
독서는 세상을 배움으로써 나를 더 깊이
이해할 수 있도록 만들어 준다.
글쓰기는 나를 찾아가는 기회를 만들어 준다.

무의식이 가리키는 곳으로 가면

평소 우리의 말과 행동은 대부분 무의식이 좌우한다.
내가 생각을 한 것도 아닌데 우리의 말과 행동은
자동적으로 튀어나온다.
그렇게 나온 우리의 말과 행동을 우리는 거의 성찰하지 않는다.
하지만 글은 다르다. 글 또한 무의식에서 나오지만 결과가 남는다.
글을 쓰고 나서 쓴 글을 다시 읽어보면
나의 무의식이 어디를 가리키는지 알 수 있다.

설득보다는 공감하게 하라

스토리를 만들어 낼 줄 아는 것은 아주 강력한 무기가 된다.
타인을 설득하는 일, 타인이 공감하게 하는 것은
매우 어려운 일이다. 하지만 스토리를 만들면
많은 사람의 마음을 움직일 수 있다.
인간은 모두 다르고 나와 비슷한 생각을 가진 사람은 있지만
완전히 같은 생각을 하는 사람은 없다. 우리는 다른 환경에서
다른 것들을 배우면서 성장했고 각자 자신만의
강한 자아를 가지고 있다. 우리의 뇌는 다른 사람의 의견을
자신에 대한 위협으로 인식한다.
우리는 서로를 설득시킬 수 있다고 생각하지만 사실은 서로 설득을
할 수가 없다. 다른 사람의 의견에 대해서 방어 체제를 갖추는 것이
인간의 본능이기 때문이다. 그렇기 때문에 사실을 가지고
남을 설득시키거나 공감을 만들어 내려고 하면
실패하는 경우가 많은 것이다.

번데기로 남을 것이냐,
나비가 될 것이냐

세상의 모든 것에는 본질이 있다.

본질을 가장 중요하게 생각하고 본질을 중심으로 행동해야 한다.

우리는 무언가를 쉽게 얻기 위해서 본질을 무시하고

껍데기를 먼저 챙기는 경우가 많다.

하지만 그렇게 해서는 공허한 성장만이 남을 뿐이다.

사람을 가진 사람이 진짜 부자다

최부잣집은 1년 소작료 수입으로 만 석을 넘기지 않았다.
그 이상은 내 것이 아니라고 생각하고 만 석 이상의 재산은
소작료 할인 방식으로 사회에 돌려주었다. 소작료가 저렴하기에
경주 일대의 소작농들은 최부잣집 농사를 짓기 위해서 앞다투어
줄을 섰다고 한다. 최부잣집에 대한 사람들의 인심은 널리 퍼졌고,
민란이나 폭동 등의 사회적 혼란기에도 폭도들은 최부잣집의
털끝 하나 건드리지 않았다고 한다. 오히려 최부잣집을 돕기 위해
나서는 사람이 한둘이 아니었다고 한다.
또한, 전국에서 오는 손님들이 세상의 정보를 전해 주어서
최부잣집을 이롭게 하는 데 많은 도움을 주었다고 한다.
최부잣집은 돈에 대한 욕심을 줄이고 주변을 돌보았다.
이를 통해 돈을 넘어서 사람을 얻었다.
그렇다면 최부잣집은 진정한 부자인가?
그렇다. 돈을 넘어 사람을 가진 사람이 진짜 부자인 것이다.

현재는 여전히 진행 중임을 잊지 않기

대작가에게도 초보 시절이 있었다.

정말 많은 사람이 누군가의 현재를 마치 마지막처럼 생각한다.

대작가의 마지막을 보고 있으면서 누군가의 시작은 무시한다.

그리고 그렇게 말하는 대부분의 사람들은

정작 아무것도 하고 있지 않다.

올바른 태도를
습관화하자

인생의 해답은
책 안에 있다

책을 읽는 것은 남의 이야기를 읽는 것이다.

남의 이야기를 읽고 있으면 그 이야기는

이내 나의 이야기가 되어간다.

모든 이야기를 내 상황에 맞게 투영해서 읽게 되기 때문이다.

나는 이 습관을 5년간 유지했다.

내가 인생의 해답을 찾았는지는 모르겠다.

하지만 그 습관으로 인해 나는 점점 더 내가 될 수 있었고,

나로서 더 단단해질 수 있었다.

티끌모아 태산이란 말에 공감한다면

좋은 소식이 있다.

'언어 지능, 공감 지능, 도덕 지능, 자기 성찰 지능, 인내 지능'

이 모두는 지적 능력과 달리 후천적으로 연마가 가능하다는 것이다.

어떻게 연마해나갈 수 있을까?

나는 이 5가지를 모두 기를 수 있는 것이 바로

독서와 글쓰기라고 생각한다. 독서와 글쓰기를 꾸준히 하면

아니, 좋은 독서와 글쓰기를 꾸준히 하면 5가지 지능이 모두

연마가 될 것이다. 그렇게 인생을 사는 사람은 실패하는 게

더 어렵다. 당신의 매일을 독서와 글쓰기로 채우길 바란다.

아무리 바쁘더라도 1시간 아니, 30분만 독서와 글쓰기로 채워보자.

당신이 내 책을 여기까지 읽었다면 이미 20분 이상의 시간을

채운 셈이다. 이처럼 하루에 30분 혹은 1시간을 독서와 글쓰기로

채우는 것은 그리 어려운 일이 아니다. 그런 하루들이 쌓여서

인생에서 승리할 수 있다. 굳이 승리가 아니라도,

당신이 원하는 인생을 살 수 있게 될 것이다.

삶이라는 마라톤에
휴식은 필수

깊은 수면, 깊은 호흡, 일기 쓰기, 명상, 독서, 운동, 여행, 감사하기.
다음의 활동들을 통해 스스로에게 휴식 시간을 줄 필요가 있다.
인디언들은 한참 달리다가도 멈춰 서서
자기 영혼이 따라오도록 기다린다고 한다.
이런 것이 부교감신경을 활성화하는 방법이다.

최고보단
'퇴고'의 자세를 갖추길

글쓰기에 있어서 좋은 글을 쓰는 것도 중요하지만
마지막에 퇴고를 하는 것도 매우 중요한 일이다.
유명 작가들은 공통적으로 퇴고에 50% 이상의
에너지를 쓴다고 한다. 물론, 블로그는 발행 이후에도
글 수정이 가능하다. 하지만 잦은 수정은 블로그 지수를
떨어트리기도 한다.
하나의 글을 발행하기 전에 주요한 부분을 체크해서
수정이 필요 없는 글을 올리도록 하자.

아침의 기억이
하루를 지배한다

나는 가장 중요하고 소중한 것을 아침 일찍 해야 한다고 생각한다.

아침 일찍이 어렵다면 오전에는 해야 한다고 생각한다.

그러면 아무리 급한 일이 생겨도 웬만하면 그날 다 할 수 있기 때문이다.

아침에 우연히 들은 노래를 하루 종일 흥얼거리지 않는가?

아침의 기억은 하루를 지배한다. 아침에 온라인 글쓰기를 하면

하루 종일 영감이 생기거나 추가로 글을 쓰게 될 가능성이 높아진다.

나는 당신도 아침에 포스팅을 하길 바란다.

나처럼 몇 개씩 하지 못한다면 블로그 글 하나도 괜찮다.

다른 사람의 아침이나 출근 시간을 당신의 글로 사로잡아보자.

나도 이미 그렇게 하고 있으니 당신도 얼마든지 할 수 있다.

아침을 승리로 시작하는 사람은

하루를 승리하는 것이나 마찬가지다.

평범한 삶도
특별한 눈으로 바라보라

사실 특별한 경험이 없는 사람은 없다.
우리 모두는 자신만의, 다른 사람과는 다른 그런 특별한
삶을 살아간다. 그럼에도 자신의 삶이 너무 평범해 보인다면,
자신의 평범한 삶을 특별한 눈으로 바라보기 바란다.
인간은 자신의 시각에 따라서 같은 것을 보면서도
전혀 다르게 생각할 수 있다.

더 가벼운 마음으로 행동하라

내 글에 반응이 좋으면 좋을수록 더 불안하다.
'이렇게 반응이 좋으면 다음에는 얼마나 더 좋은 글을
써야 하는 걸까?'라는 생각이 들어서다.
이런 부담감이 나를 더 발전하게 만들기도 하지만
가끔은 주눅 들게 하기도 한다.
생각해 보면 글을 쓰는 초반에도 그랬던 것 같다.
'이 정도 수준으로 글을 써서 올려도 될까?'라는 조심성이
항상 있었다. 가끔은 이런 나의 생각이 강박을 만들어 내기도 했다.
나에게는 아직도 올리지 못한 저장 글이 800개 넘게 있다.
지금은 조금 다른 생각을 하고 있다.
내 글을 매일 읽어주는 많은 분들이 있다. 가끔 내가 짧은 글을 쓰고
조금 부족한 내용으로 글을 써도 평균 정도의 반응을 보여주는
고마운 분들이다. 블로그는 신문 기사도 정식 출간물도 아니다.
나의 생각을 자유롭게 풀어내는 공간이다.
'더 잘 써야지, 다음에는 더 좋은 글을 써야지'라는 생각도 좋지만,
이런 생각이 나를 지배하게 되면 글 한 편, 한 편을 올리기가
힘들어진다. 내가 만약 처음으로 돌아간다면,
더 가벼운 마음으로 글을 더 많이 올렸을 것 같다.

뭐든지 준비보다
시작이 먼저다

좋은 글을 쓰기 위한 가장 좋은 방법은 결국 글을 계속 쓰는 것이다.
글은 쓰면서 늘게 되어 있다. 글쓰기 수업을 듣고 나서 글을 써야지,
조금 더 글을 잘 쓰게 되면 시작해야지 등의 생각은 버려야 한다.
지금 당장 글을 써라.
1,000자가 어렵다면 100자라도 블로그에 글을 쓰길 바란다.
블로그가 부담스럽다면 X나 스레드에 단 한 줄이라도 써라.
혹시 모르지 않는가?
그 한 줄이 두 줄이 되고 세 줄이 되어, 나중에는 훌륭한 글을 쓰고
당신도 유명한 작가나 인플루언서가 될 수 있을지 말이다.

의미 있는 삶을 위해 노력할 때

나에게 새로운 경험을 주어야지 새로운 글이 탄생하고,
나에게 좋은 삶을 주어야지 좋은 글이 탄생하고,
나에게 따뜻한 경험을 주어야지 따뜻한 글이 탄생한다.
마치 의미 있는 글을 쓰기 위해
의미 있는 삶을 살려고 노력하게 되는 것이다.
그런데 반대의 삶도 살아진다. 글이 삶이 되는 것이다.

결과를 원한다면
과정에 집중하라

글감이 없는 가장 큰 이유 중 하나는 나에게 인풋이
부족하기 때문이다. 인풋이 있어야 아웃풋이 있다.
내 경험으로 글을 쓸 수 있지만 그것만으로는 부족하다.
내 경험을 끌어내는 것부터가 글쓰기 능력이며,
내 경험을 보편적인 지식에 연결할 수 있어야
좋은 글이 탄생할 수 있다.

작가란 특별한 것이 아니다

작가란 특별한 것이 아닙니다.

글을 쓰기 때문에 작가가 되는 것입니다.

능력이 있어 책을 쓰는 것이 아니라

책을 써서 능력이 생기는 것입니다.

글을 계속 쓰고, 책을 계속 내기 때문에

능력이 있는 작가가 되는 것입니다.

많은 사람이 그렇게 하고 있고, 필자도 그렇게 하고 있으며,

이제는 당신이 도전할 차례입니다.

퇴화를 막는 가장 좋은 방법은 독서

현대인들은 고대 그리스 시대 일반인의 1/10 이하로만
생각하고 있다는 말이 있다.
그들이 걷고, 이야기하고, 사색했다면 우리는 데스크 앞에서
주어진 일만 하고 있기 때문이다.
이렇게 보면 인간은 진화하는 것이 아니라
퇴화하는 것일 수도 있다는 생각을 해 보게 된다.
그렇게 본다면 한국인의 생각하는 능력은 점점 더
퇴화하고 있는 것이다.

글쓰기는 탈출구가 되어 주었다

힘든 직장 일을 하면서 블로그 글쓰기는
나에게 하나의 탈출구가 되어 주었다.
누군가는 술로 고된 삶을 달랜다.
누군가는 유튜브를 보고, 누군가는 영화를 보면서
자신을 위로할 것이다.
나에게는 그것이 글이었다.
글을 쓰는 순간은 내가 살아 있음을 느낄 수 있었고,
글을 쓰면서 위로를 받았다.
나는 사람들은 모르는 또 다른 내 자신을 직장 사람들이
모르는 공간에서 만들어 간다는 점에서 희열을 느꼈다.

삶이 흥미롭지 않다고 좌절할 필요없다

모든 사람이 흥미로운 삶을 살지는 않을 것이다.
하지만 내 삶 속에도 흥미로운 장면들은 있다.
내 삶이 그리 흥미롭지 않더라도 나와 같은 고민,
나와 같은 좌절을 한 사람은 있을 것이다.
크든 작든 내 스토리를 책에 넣을 수 있어야 한다.
그것이 좋은 책을 만든다.

사람들은 내게 무엇을 원할까?

좋은 책은 쉽게 읽을 수 있는 책이다.

읽기 어려운 책은 좋은 책이 아니다. 말을 잘하는 사람은

듣는 사람의 수준에 맞추어서 잘 이해할 수 있도록 말하는 사람이다.

어려운 단어와 표현으로 말하는 사람은 말을 잘하는 사람이 아니다.

나도 처음부터 이렇게 생각한 것은 아니다. 블로그에 글을

처음 쓸 때는 최대한 있어 보이려고 노력했다.

어려운 단어와 표현을 쓰고 알려지지 않은 사례를 인용하여

최대한 지식이 많고 생각이 깊은 사람인 양 보이도록 노력했다.

이는 인간의 본능 같은 것이다.

하지만 이렇게 쓴 글에 사람들은 공감하지 않았다.

공감도 댓글도 조회 수도 높지 않았다. 그러다 어떤 날은 시간이

충분하지 않아서, 또 어떤 날은 내 이야기를 하고 싶어서 평소보다

힘을 빼고 솔직하게 적었다. 그런데 웬일인가? 공감과 댓글이

평소보다 2~3배 많았다. 이런 일이 몇 번 반복되자 사람들이

어떤 글을 읽기 원하는지 알 수 있었다. 사람들은 쉽게 쓴 글,

솔직한 글을 읽고 싶어 한다.

오래 그리고
깊게 생각하라

쓰는 행위는 가볍게 하되
생각하는 행위는 무겁게 해야 한다.
평소에 깊게 생각하고
그것을 글로 쓰는 데
시간을 많이 투자해야 한다.
그래서 위대한 작가나 철학자는
쓰는 시간보다 생각하는 시간이 더 길다.
대가들에게 가장 중요한 것은
쓰는 시간이 아니라
쓰기 위해 생각하는 시간이다.
그러니 읽기 쉽게 글을 쓰려면
가볍게 생각하는 것은 피해야 한다.

무엇보다 중요한 것,
습관

어떤 경우든 가장 중요한 것은 매일 쓰는 것이다.

매일 쓰는 것은 습관이 된다. 예를 들어 내가 월요일과 목요일에는

글을 쓰겠다고 결심했다고 하자. 며칠 동안 글을 쓰지 않다가

어느 날 갑자기 글을 쓰려고 하면 힘이 든다.

습관이 되지 않았기 때문이다. 그렇기에 매일 쓴다고

생각하는 것이 좋고, 그러면 습관이 되고 습관이 되면 훨씬 편하게

행동으로 옮길 수 있다. 가장 좋지 않은 것은 시간이 날 때마다

쓰겠다고 생각하는 것이다. 많은 사람이 이런 방식으로 글을 쓴다.

책쓰기는 아무도 강제하지 않는다. 나를 위한 최소한의

규율이 있어야 한다. 이런 규율이 없다면 절대 책을 쓸 시간은

나지 않는다. 사실 책을 쓰는 시간은 저절로 나는 것이 아니라

내가 내는 것이기 때문이다. 가장 좋은 것은 매일 일정한

시간을 정해서 기계처럼 쓰는 것이다.

나를 알리는 걸
두려워 말자

돈은 무한하지만
시간은 유한하다

시간의 양은 정해져 있다.

화폐 발행량은 지속적으로 늘어나기라도 하지만

시간의 양은 지속적으로 줄어들고 있다.

우리는 시간은 무한하고, 돈은 유한하다고 생각한다.

사실, 시간은 유한하고 돈은 무한한데 말이다.

가장 위험한 삶은 편안하기만 한 것

이 세상에서 가장 안전한 것은
시대에 맞는 새로운 방식을 익히고 배우는 것이다.
도전을 외면하면서 편안한 길만 선택한 사람이
결국은 가장 위험한 삶을 살게 된다.

영향력이 곧 돈인 이유

영향력은 돈이 된다. 아니, 영향력이 돈이 된다.

연예인들이 이를 증명하고 있지 않은가.

대한민국 사람들이 대부분 아는 유명 연예인들은 부자다.

방송에 한 번 나오면 수백, 수천만 원의 돈을 번다.

그들이 유튜브를 시작하든, 인스타그램을 시작하든

금세 수십만 명이 모인다. 그들은 사업을 해도 이미 유명세가 있어서

일반인에 비해 훨씬 유리하다. 돈이나 명예, 권력보다

사람의 마음을 사는 것에 집중해라.

결국에는 사람이 모든 것을 가지고 있기 때문이다.

유명해서 책을 쓰는 것이 아니라 책을 써서 유명해지는 것이다.

유명인, 연예인, 인플루언서란 결국 사람의 마음을 사는 것이라고

생각한다. 가장 우선되어야 하는 것은 내 생각과 아이디어를

많은 사람에게 전달하면서 나를 알리고, 내 글을 읽는 사람을

나의 팬으로 만드는 것이다.

내가 쓴 한 문장의 무게를 잊지 않기

인플루언서라고 하면 수많은 사람에게 영향을 미치는 사람이다.

그 영향력을 무시하면 안 된다. 내가 쓴 한 문장이 많은 사람에게

긍정적, 부정적 영향을 미칠 수 있다.

이는 인플루언서가 되기 전에도 마찬가지다.

영향력을 키워가는 과정에서 항상 이타성을 고려해 글을 써야 한다.

나는 특히 타인에게 상처 주는 글을 쓰지 않으려고 노력한다.

세상에는 다양한 사람들이 있고, 다양한 환경에서 생활하고 있다.

아무에게도 상처를 주지 않는 글을 과연 쓸 수 있을까?

그것은 불가능할지도 모른다.

하지만 나는 이를 항상 염두에 두고 글을 쓰고 있다.

유명해지기 전에
진정한 팬부터 보유하라

인플루언서 블로그가 되기 위해 외형도 중요하지만,
그것보다는 진정한 팬을 얼마나 보유하는가에
더 초점을 맞추길 바란다. 1만 명의 이웃을 목표로 할 수도 있지만
24시간 안에 1,000회의 조회 수를 목표로 해도 좋을 것이다.
꾸준히 자신의 인사이트와 진심을 담아 대중에게 전달해 보자.
사람들이 당신을 이웃 추가하고 당신의 글을 읽는 것은
결국 당신의 글이 좋기 때문이다.

이 분야는 왜 나누면 나눌수록 커질까?

SNS는 승자독식이나 제로섬 게임이 아니다.

나누면서 서로 커지는 구조이고,

이 구조를 잘 이해해서 SNS에 활용할 필요가 있다.

약속을 지키고 싶다면
모두에게 공언하라

인간은 본능적으로 자신이 한 약속을 지키려고 한다.

인간은 고대사회부터 집단생활을 해 왔기에 자신이 한 약속을

어기는 것을 목숨을 잃는 것과 비슷한 강도로 느낀다.

고대 사회는 부족 중심이었는데 내가 거짓말을 해서 신뢰를 잃으면

부족에서 쫓겨날 수 있었다. 부족의 보호를 받지 못하는 개인은

야생에서 매우 연약한 존재로 살아가야 하며

목숨을 잃을 가능성이 높아진다.

나는 이런 본능을 자주 이용하는 편이다.

예를 들어, 작년 말에 나는 500여 명이 있는 단톡방에서 내년 초에

책을 내겠다고 공언을 했다.

이렇게 공언을 해 두면 나에게는 데드라인이 생긴다.

많은 사람에게 약속을 했기 때문에 꼭 지켜야 한다는 의지가 생긴다.

공언하지 않는 것과 비교하면 몇 배의 에너지가 생기게 된다.

'브랜드'라는 지속적인
가치의 중요성

마케팅이란 사람들에게 필요한 글을 쓰는 것이다.

그렇다면 나의 생각을 일시적으로 알릴 수 있다.

브랜딩이란 그런 활동을 반복하는 것이다.

자주 반복된 마케팅은 독자에게 당신이라는 사람을 각인시킨다.

여기서 중요한 것은 나의 글과 꾸준함이다.

나의 글이란 고유성을 말한다. 꾸준히 쓰는 것은 반복되는 메시지를 던지는 것이다. 브랜딩이란 결국 자신의 고유성을 대중에게 반복해 각인시키는 것이다. 한두 번의 글은 큰 의미가 없지만 장기적이고 지속적으로 전달되는 글은 가치를 가지게 된다.

좋아하는 것을 선택할 때,
더욱 좋아지는 삶

글쓰기는 곧 삶쓰기라고 이야기했다.

내가 좋아하는 주제를 선택하는 것은 내가 좋아하는 삶을 살고,

그 삶을 쓰게 되는 것이다.

상대에게 도움이 되고자 하는
마음을 가지기를

현명한 사람은 늘 상대방 입장에서 생각하려고 노력한다.
우리는 책을 쓰기 전에 먼저 사람들은 왜 책을 읽는지
고찰할 필요가 있다. 누군가는 책을 읽음으로써 어떤 도움을
얻으려고 한다. 재미를 얻는 독서도 하지만 독서의 주된 이유는
책을 통해 어떤 지혜나 지식을 얻어 자신의 삶을 더 나은 방향으로
이끌고 싶기 때문이다. 따라서 작가는 누군가에게
도움이 되고자 하는 강렬한 욕망이 있어야 한다.
앞서 읽기 쉽게 써야 한다고 이야기한 것도 이런 측면에서
이해할 수 있다. 읽기 어려운 글은 독자들이 많이 읽지 않으므로
작가는 읽기 쉽게 써야 한다.
이는 누군가에게 도움이 되고자 하는 마음이 있기 때문에
자연스럽게 생길 수 있는 노력이기도 하다.

사실 평범한 것이
가장 특별하다

너무 많은 내용을 담으려고 노력하는 순간,

모든 사람을 만족시키려고 노력하는 순간,

판매에만 신경을 쓰게 되는 순간,

당신이 쓴 책은 그냥 평범한 책이 된다.

나의 소중한 것을 담으려 노력하고,

내 글을 원하는 사람을 만족시키려 노력하고,

단순 판매를 넘어 공감과 감동을 주는 것을 신경 쓰면

당신의 책 속에는 당신이 온전히 담겨

세상에 존재하지 않았던 특별한 책이 된다.

처음에는 쉽고 단순한 것부터

나는 사람들에게 책을 출간하기 전, 블로그나 X 등에
글을 쓰라고 권한다. 처음부터 어려운 것에 도전하기란 쉽지 않다.
어려운 것은 쉽게 만들고, 복잡한 것은 단순하게 만들어서
시작해야 한다. 책을 쓰는 것보다 블로그 글 한 편, X 글 한두 줄을
쓰는 일이 훨씬 쉽고 단순하다. 그리고 쉽고 단순한 것을
반복하다 보면 어렵고 복잡한 것도 할 수 있다.
대단한 사람이 대단한 일을 하는 것이 아니라
평범한 사람이 사소한 일을 대단히 오래 해서
대단한 사람이 되는 것이다.

유행을 따르거나,
만들거나

쇼펜하우어 책이 성공했으니 관련 책을 시장에 내는 것은
좋은 전략일까?
그럴 수 있다. 대중의 관심도가 높을 때 같은 주제로 글을 쓰는 것은
유행을 따라가는 좋은 전략일 수 있다. 다만 두 가지 측면을
고려해야 한다. 하나는 내가 쓰고 싶은 책이 아니라
오직 시장이 원하는 책을 쓰는 것이 작가로서 본분에 맞을까
하는 점이다. 다른 하나는 원고를 쓰고 출간하기까지
최소 3개월이 필요한데 그때까지 유행이 이어질까 하는 점이다.
이 두 가지 질문에 스스로 답변해 보자. 하지만 유행을 따르든
따르지 않든 간에 작가라면 꼭 해야 할 일들이 있다.
하나의 유행이 발생하면 왜 그것이 유행인지 분석하는 것이다.
그러면 시장 흐름을 알 수 있고, 내가 책을 준비할 때도
큰 도움이 된다. 혹은 내가 새로운 유행을
만들어 낼 수도 있을 것이다.

자기 PR이 필수인 요즘 시대

내 채널 + 무료 홍보 + 유료 홍보 등 여러 방법을 이용하여
내 책을 알리는 것이 작가의 역할이자 역량이다.
홍보는 출판사 몫이 아니냐고 생각할 수도 있을 것이다.
홍보는 출판사의 여러 역할 중 하나가 맞다.
내가 말하고 싶은 것은 누구나 내 일처럼 해주지 않는다는 것이다.
출판사에는 1년 동안 출간하는 수십, 수백 권 중 하나에 불과하지만,
나에게 책은 생애 처음이자 마지막일 수도 있는 소중한 존재다.

작은 곳부터 큰 곳까지 가리지 않기

책을 출간하면 크고 작은 기업, 유튜브, 출판사 등에서
제의가 들어온다. 나는 강연이나 유튜브 출연 문의 등을 받았다.
규모가 아주 작은 곳도 있고 제법 큰 곳도 있었다.
모든 곳에 다 출연할 수는 없겠지만 어느 정도는 출연하는 것이
좋다고 생각한다. 작가로서 내 인지도가 낮다면 작은 곳부터
출연하려는 마음 자세가 필요하다. 인지도가 높다면
규모가 있는 곳에도 출연이 가능할 것이다.
책을 가장 잘 알릴 수 있는 사람은 작가 본인이며, 그렇기에
작가 본인이 다양한 채널에 출연해서 책을 홍보하려는 자세가
필요하다. 책을 홍보하는 것은 결국 작가 자신을 홍보하는 것이다.
내가 책을 홍보하는 것이지만 한편으로 책은 나를 홍보할 수 있는
도구이기도 하다. 책 출간 후 몇 달은 책이라는 도구를 이용해서
나를 홍보할 수 있는 소중한 시간이다.

출처

『부의 통찰』

『부를 끌어당기는 글쓰기』

『마흔, 이제는 책을 쓸 시간 』